Stundenglück.

Josefine Klett

-jk-

Impressum

© 2023 Josefine Klett

Herstellung und Verlag:
BoD - Books on Demand,
Norderstedt
ISBN: 978-3-7583-2175-7

Texte, Umschlag und
Illustrationen
© Copyright Josefine Klett
Mail: sekundenhauch@web.de

Meine persönlichen Worte an
Dich:

Josefine

-gelb und grün-

Die letzten Silberfische
fliehen von den nachtkühlen
Fliesenspiegeln.

Meine Füße tragen mich mit
mehr Schwerkraft als
Verstand und ich will
meinen Kopf an deine
Schulter legen und meine
Sehnsucht mit rückwirkend
leichtsinnig erscheinender
Nachdenklichkeit und Wein
betrüben.

Wann geht der Sommer
endlich los, ist er doch
schon wieder vorbei. Genug
getanzt ist nie, auch wenn
ich zwei Leben hätte. Die
ganze Zeit arbeite ich
darauf hin, irgendwie ein
wenig Sinn zu finden.

Am Ende ist es Nachts um
drei, ich bin betrübt,
Herz einerlei, Lichter
ziehen in flackernd gelb und
grün, bevor sie sich im Tag
verzieh´n.-jk-

-Konsumopfer-

Meine Kleidung ist aus
zweiter Hand,

die Hose abgeschnitten,
umgenäht.

Die Label manchmal noch
bekannt.

Der Kaufzwang ist schon
bald entwöhnt.

Ein Etikett, frei von
jeglicher Etikette,

ohne jede Wette nicht
leidfrei hergestellt.

Entweder Du stehst dazu,
oder du bist ein
nachdenkender Gutmensch,
der dem Trend nicht folgt.

Folgen wir doch schon so
manchen kurzweiligen
Gedanken, bestehend aus
anschaulich bearbeiteten
Pixelbrei.

Der Wert am Etikett
bestimmt nicht deinen
inneren, das weißt du
selbst.

Doch wenn kein Etikett zu
sehen ist, ist es dann die
Qualität, die zählt?

Bist Du Konsum-Opfer, oder
fühlst du dich schon frei?

Wenn die alten Sachen auf
dem Dachboden, in Schränken
und Truhen, gut gelagert
nicht verrotten.

Warum wollen wir dann
weiter die neuen und
kurzlebigen
Kleidungsstücke,

wie Ballast, um uns horten?
-jk-

-OK-

Es ist OK, sich
zurückzuziehen, nicht zu
wissen, wer man Morgen ist.
Es ist OK, wenn die Decke
über dem Kopf der einzige
Motivationshorizont am Ende
eines Taubheit
verbreitenden
Zeitkontingents, zum Beginn
des Abends mit aufkeimender
Zukunftsangst, das Ende
eines sogenannten Tages
beschreibt. Es ist OK, weil
es diese Ungewissheit
braucht, die
Wachstumsstreifen auf der
Haut, die nicht immer jedes
Geheimnis erzählen, jedoch
die müden Augen, die sich
selbst vertrauende in die
Bilder, in die Beiträge
stürzen und tippen und
suchen. Bis man doch nichts
findet, bis zum
Morgengrauen und doch nicht
schläft.

Stillstand, Wut mit
vollgestopften Bauch, der
doch so leer ist und sich
verzehrt nach echt
gemeinten Sätzen, nach dem
Genug sein.

Der bittere Geschmack im
Mund am Morgen danach,
zeigt das vergangene Tage
doch nur ein Trugschluss
aus Abwarten, Erwarten und
kurzer Euphorie waren.

Ernüchternd, nüchtern und
noch ein bisschen
totgeglaubtes
Hoffnungserleben, denn die
Blüten auf dem
Fensterbrett, sie öffnen
sich, so wie ich mich
gerade eben. -jk-

-Zypressen-

Lass uns doch einfach
weiterfahren,

ganz weit weg,

weg von den Stoppelfeldern.

Dorthin, wo die Zypressen
wachsen,

sich ganz leise über
grasbegrünte Hügel ziehen.

Dorthin, wo auf
Ackerfeldern sich der Sonne
letzter Glanz noch zeigt,

nebst Oliven und
Lorbeerzweig.

Dorthin, wo im Schatten
immergrüner Korkeichen,

mit blanken Duft,

die Thymianzweige blühen.

-jk-

-Kaffee-

Tage vergehen,

riechen nach Kaffee,

der die Tage mit
Leichtigkeit einhüllt.

Eine Einfachheit,

die träge in die Tasse
läuft,

sich dabei Zeit lässt,

Zeit mit sich nimmt

und mir zeigt wie es gehen
kann.

Eine Minute, der Kopf ganz
leicht.

Die Essenz des Alltags,

ganz bei mir. -jk-

//Erfurt

Existiere momentan für die
Kaffeedates am Wochenende,
bei denen sich ganz behände,

Hände halten,

Strecken spalten,

Fahrtweg teilende Menschen
treffen

und diese Beiden dann
verweilen.

Bei Spaziergängen durch
historische Innenstädte und
dem Genuss von süßen
Kleinigkeiten aus Teig,

ganz natürlich verbunden,
wie aus Ein und Zucker
hergestellter Eischnee.

Mit Tagesausflügen an schöne
Orte, wie zum Beispiel
Erfurt, ihren Tag gestalten,

Dialoge halten, den Kopf
ausschalten. -jk-

//Dieses Jahr

Auf der Fahrt hin zu Dir scheint mein Kopf wie mit Eisblumen bepflanzt, gibt mir nur der Fahrtwind klare Gedanken. Gleichbleibendes Tempo und voller Tank. Dieses Jahr muss ich nicht noch einmal zur Tankstelle fahren. Wie das klingt: „Dieses Jahr". Es fühlt sich immer noch an wie ein weiteres Jahr des Wartens auf etwas Ungreifbares. Einem Gefühl, welches nur im Gedanken existiert, nicht erkennbar ist mit dem geistigen Auge.

Der Schlüssel dreht sich jetzt leichter im Schloss.

Ich ziehe den Klebestreifen von der Raufaser, die jetzt scheinbar die alten Gedanken fallen lässt, nicht mehr zusammenhält, was doch mal

mein kleiner Raum ohne Zeit
war. Zeitlos dreht sich der
Traumfänger um seine eigene
Achse, ohne zu wissen, dass
er in zwei Monaten sein
Dasein woanders fristet.
Vielleicht ist er dann auch
nicht mehr bei mir.

Die grünen Blätter der
Monstera streben ungetrübt
nach dem kleinen Fleck der
Sonne am Boden, die von dem
Plissee in kleine
Schattenabschnitte getrennt
wird. Ich atme tief ein. Die
Wochen der stickigen
Heizungsluft, reiße das
Fenster auf, höre den
Straßenlärm und spüre den
Impuls nach Aufbruch in
mir.-jk-

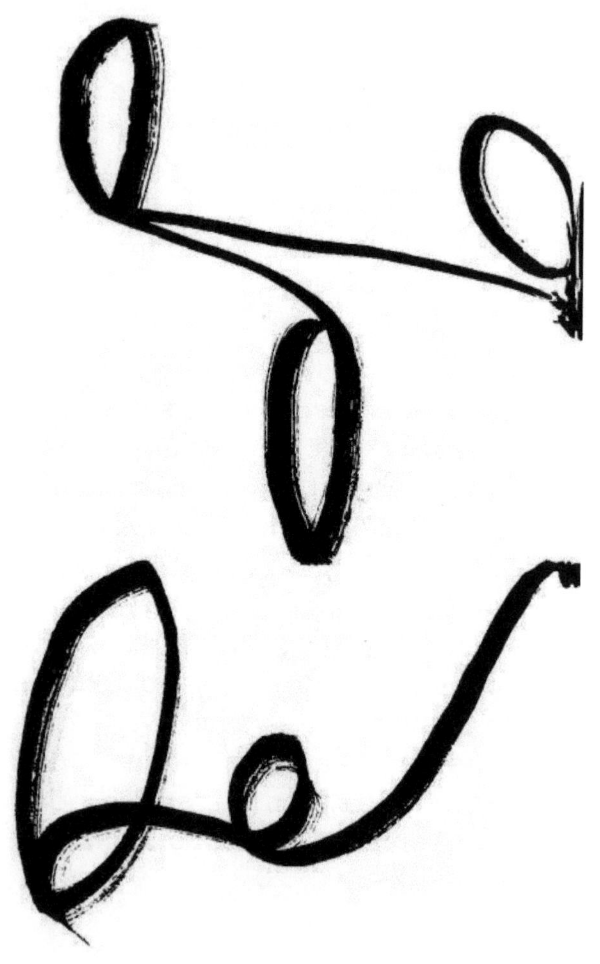

-zu viel-

Zu viel, zu schön, zu
schnell.

Zu viel.

Zu gut, zu gehen.

Zu verwirrt.

Zu gesegnet, zu
privilegiert,

zu verquert, zu genährt.

Zu verletzt,

zu verstanden,

zu einfach.

Zu viel,

zu subtil,

zu leicht, zu gehen. -jk-

-furchtlos-

Furchtlos so wie Du die
Nase in die Höhe strecken.

Deine eigenen Ziele ganz
spontan heute mal anders
stecken.

Genau das würd ich auch
gern,

wenn die Perspektive wird
zu klein,

würd ich gern, ganz
einfach,

so wie Du,

auch ganz einfach furchtlos
sein.-jk-

-verzichten-

Eine bewusste Auswahl
bedeutet nicht zu
verzichten.

Es bedeutet ganz klar zu
entscheiden.

Hinzuhören, welche
Bedürfnisse von innen sind.

Und was der Verstand begehrt
ist niemals zu wenig,
mitnichten. -jk-

//einfach gestrickt

Ich vermiss' manchmal die Phasen in denen wir einfach da saßen. Nichts sagten und doch sprachen. Mal mehr und mal weniger. Hab mit gespielter Weisheit in den Worten über mein Leben lamentiert. Versucht mit Dir den Sinn zu finden, es versucht tief zu ergründen. Ohne zu wissen, dass die Zeit nie so richtig dein Freund war und noch weniger der Sinn. Aufzupassen, Acht zu geben, auf Dich und dein Umfeld. Dein Leben, das zählt. Es ist viel passiert. Es ist okay sich zu erinnern, die Gedanken schweben zu lassen, dir zu vergeben. Mit Dir Schritt für Schritt zu gehen und dich an die Hand zu fassen. Auch wenn wir jetzt nichts reden, ganz ergriffen und leise vom Leben, schauen wir hin zum gleichen Mond. Ganz unverwandt, mehr wortgewandt kann ich jetzt erst mit Dir reden. Dir sagen, dass mein Sinn im Leben bisher immer Anderen galt. Bis gerade eben Du mir sagtest, dass Du gehen musst, ganz sachlich. Dich räumlich trennen willst, ganz ohne meine Wortgewalt. Du ziehst jetzt aus, aus meinem kleinen Platz im Norden. Willst nicht mehr der Grund sein, warum mir kalt ist und ich manchmal das Gefühl habe, dass mein Herz erstickt.

Du merkst, dass ich Dich nun nicht mehr brauche. Willst mich trotzdem nochmal ab und zu besuchen, natürlich ganz spontan, da bist Du einfach gestrickt- altes ich.

-jk-

-Priorität-

Ich kann es verstehen, dass
die Zeit vergeht, dass Dir
die Worte fehlen.

Ich kann verstehen, dass es
zurzeit nicht geht.

Ich kann schon sehen, DU
bist nicht okay.

Die Welt ist verdreht, es
ist alles viel, zu viel, zu
spät.

Ich will sehen, dass es
wieder für Dich
funktioniert, dass DU
lebst, dass DU lachst, dass
dein Herz pulsiert.

Das Du gehst ohne Angst,
dass dir nichts passiert,
bist DU bei dir, nur bei
dir.

Du wirst verstehen, auch
wenn Du es gerade nicht
fühlst, dass es weitergeht.

Lass Dich einfach führen
von deiner Stimme, von
einem guten Gefühl, dass in
Dir schwelt.

Du bist die Priorität. -jk-

-Macht-

Vergiss nie, dass Du alles
ändern kannst, wenn Du es
willst. Es steht in deiner
Macht, dass du stark bist,
wenn du Dich selbst mal
fühlst. -jk-

//Blindlings

Was ich vermute, lässt mich
ahnen, wir sind mehr als
einmal abgebogen auf dem
Weg. Ohne Leitplanke, ohne
Warnbaken, die uns drohend
ermahnen. Blindlings steuern
wir weiter auf Uns zu.
Gefühle wie Ampelphasen
lenken wie mechanisch in die
richtigen Bahnen. Eine neue
Route Richtung Gegenverkehr,
haben den Tempomat gesetzt,
um durchzustarten.-jk-

-über-

Kläglich scheitern und ohne
Klagen sein.

Privilegiert und doch nicht
glücklich,

nicht einmal ansatzweise
positiv gestimmt,

gnadenlos übersättigt.

Unergründlich leer fühlen

und reizüberflutet alles
konsumieren,

bis der letzte Schein zu
Grabe getragen ist,

im Überfluss ertrinkend.

-jk-

//Raufasertapete

Ich möchte von Palmen und Raufasertapete erzählen, von Wänden, die viele Worte verschlingen und abspeichern, noch mehr als es die blechernen Aktenschränke in ihrer Kernkompetenz festhalten können. Schwerwiegende Entscheidungen treffen auf flammendes Interesse, auf positive Fehlerkultur in Tippgeschwindigkeit.

Ein Großteil an Wohlwollen zelebriert sich in freundlichen Lachfalten, projiziert sich im Angebot der Unterstützung, damit am Ende des Tages davon viel mehr überbleibt.

Viel mehr als nur ein Arbeitstag. -jk-

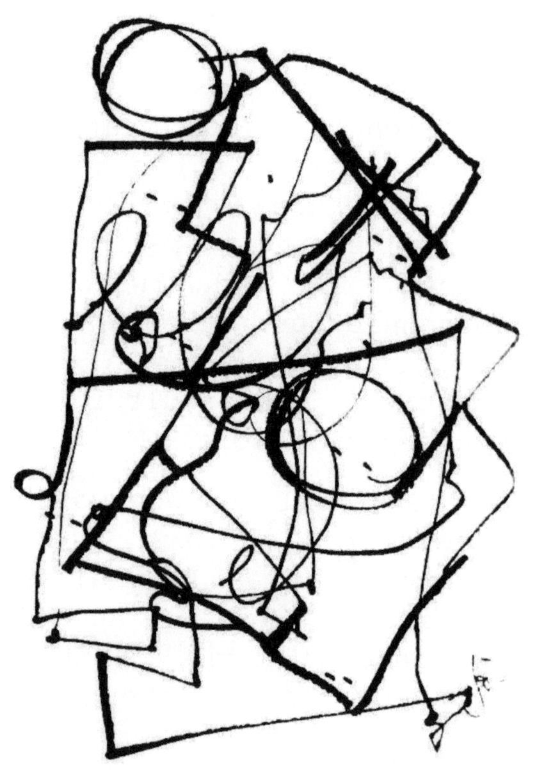

Im Inspirationsmomentum die
Ideen sammelnd, beobachtend
den Blättern die Farben
nehmend, auf die Netzhaut
brennend dastehen und die
Stimmung fangend, ein
Leuchten in den Augen
entzünden. -jk-

-genug getan-

Ganz viel Genugtuung.

Ganz viel Guts getan,

viel und genug,

es ist gut.

Machen wir der Ruhe Platz.

Denn es ist gerade gut
genug

und gut genug getan. -jk-

//Wollknäuel

Einfachheit beruhigt mehr als meine strapazierten Nerven in meinem Kopf, welcher manchmal chaotischer Manier und klassisch karussellartig um Gedanken kreist, oder sich wie ein verhedderndes Wollknäuel anfühlt, wenn ich mir keine Zeit zum Entwirren nehme.

Einfachheit reguliert meine überschüssigen Konsumantworten, die wie ehemalig nicht geschlossene Tabs in meinem Kopf, auf ein endgültiges Klicken, ein Verschieben in den imaginären Papierkorb meiner Spontan- und Fehlkäufe, auf ihr Ende warten. -jk-

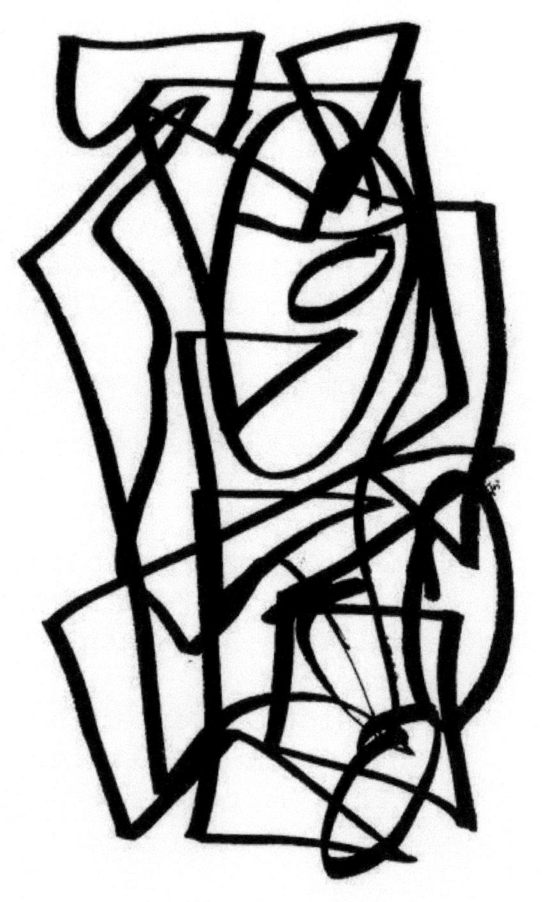

-Idylle-

Ich hoffe unsere Idylle
stirbt nie.

Ich sage so gerne Merci,

wenn ich mit deinen Augen
anverwandt,

in meine kleine heile Welt
entflieh. -jk-

//Wien

Wien war ungeahnter Weise nicht ganz eitel Sonnenschein, auch wenn man meinen mag, dass es sich ungefragt aus dem grauen Sturm und Regenwetter zu einem stimmungsvollen Ensemble aus ehrlichen Worten und architektonischen Allerlei gemausert hat und es deshalb doch geschafft hat, sich irgendwie ins vagabunde Gedankenspiel der inneren Unruhe meinerseits als Abzweigung der Klarheit einzunisten. -jk-

Egal, wie lieb man sich hat,

man kann sich immer trennen.

Es ist wie ein Naturgesetz,

dass keiner versteht,

bei dem wir uns am Ende nicht
mehr kennen. -jk-

/// schlafen und trennen

Ich bin so wach von alldem,

was mich sonst schlafen
lässt.

Ich bin geschlafwandelt mit
Dir

und bin erst wach, seitdem
die Abwesenheit,

wie ein lauter Timer
schreit.

Meine Zeit ist jetzt! -jk-

//gut

Es ist genauso gut wie es so
ist, verbunden mit dem
kalten Nass.

Mit   kleinlauten
Alltagsfreuden,   der
zartvertrauten
Zwischenzeit, im Kontrast
zum aufkeimenden Wochenende.

Am blauen Horizont. -jk-

-Erwachsenendinge-

Ich bin jetzt schon längere Zeit gewachsen, an den Dingen, die man so tut.

Erwachsenendinge, wie einen Job haben, einen Job kündigen, mit dem Kopf voller Zwangsgedanken und einem Quäntchen an Mut.

Eine Zeit lang keine Arbeit haben, sich mit den Eltern streiten, eine gemeinsame Zukunft mit dem Partner planen, langjährige Freundschaften weiter erhalten,

Freunde finden, Salate für Grillpartys herhalten und Termine verwalten, gehört wohl auch zu diesem Konstruktgedanken:

„Ich bin endlich Erwachsen!"

Entwachsen dem Gedanken, dass die Eltern darüber bestimmen, was man in gewisser Weise denkt, auch nicht, dass man denken muss, dass die Kindheit einem immer gefallen hat und garantiert nicht jedes Weihnachtsgeschenk.

Erwachsensein heißt wachsen im ganz Allgemeinen und wer das nicht versteht, kann dann hoffentlich verneinen, dass ähnlich meiner Persönlichkeit, mein erwachsenes Ich erst gewachsen, oder eben erwachsen geworden ist, als alleiniges Individuum.

Mit Momenten ganz allein, mit vielen Ereignissen, mit Fragezeichen, verbunden mit Tränen und völligem überfordert sein.

Der Ablöseprozess dauert bei jeder erwachsenen Person, je nach Elternhaus, ganz individuell, mal kurz oder lang. Demnach ist dieses Ablösen letztendlich nur ein Aufzeigen und Gewahr werden der eigenen Prinzipien, vergleichbar mit einer nach Erwachsenenverhalten definierten Grenzlage mit zeitlichem Überhang.

Es läuft niemals harmonisch ab an solchen Grenzen, wo Therapie und Abschottung nur ein geringes Übel an hochemotionaler, generationenübergreifender Verinnerlichung und verletzten inneren Anteilen, als eine Art Selbstschutz, versuchen zu ersetzen.

Eine glückliche Kindheit ist eine zähe Auslegungssache.

Für viele Erwachsene sehr schmerzhaft,

für viele sicher auch schön.

Jedoch ist es nie einfach, auch nicht mit Worten zu pauschalisieren, dass Erwachsensein einfach unfassbar viel mehr abverlangt, als Eigenverantwortung, Brötchen zu schmieren, oder sich *marginalisierte Denkmuster abzugewöhnen.

-jk-

*marginalisieren / Die Marginalisierung: Stammt aus dem lateinischen Wort *margo*, abgeleitet für Rand und bezeichnet die Verdrängung von Individuen der Bevölkerungsgruppen an den Rand der Gesellschaft, wie z.B.: geflüchtete,- obdach- oder arbeitslose Menschen.

Diese Personengruppen können aufgrund der Verdrängung weniger stark am politischen, wirtschaftlichen und kulturellen Leben in der Gesamtgesellschaft teilnehmen. Das Wort *Marginalität* definiert die sogenannte *Randexistenz*. Jeder Mensch trägt verinnerlichte Anteile dieses ausgrenzenden Denkens in sich und mein Ziel ist es mit diesen Worten ein Nachdenken über dieses Thema der gedanklichen und physischen **Ausgrenzung,** anzustoßen.

//drei Uhr fünf

Dysfunktionale Gedanken existieren nicht in unserer Vorstellung von der echten, ungeschönten Liebe. Seitenhiebe aus blassblauen Regenwolken, am Tag an dem wir uns trafen, ergaben im Gesamtbild keinerlei Hindernisse.

Keine Aspekte, weder noch Komplikationen, die unser subtiles Gemeinsam sein zurückwarfen. Also sind wir bereit für die Aufbruchsstimmung, die uns in der Nacht um drei Uhr fünf an die weichen Lippen des Gegenübers stranden lässt, uns süchtig macht und mit nichts als Euphorie in horrenden, leidenschaftlichen Rauschzuständen zurücklässt. -jk-

-Frauen-

Wir werden dafür degradiert Frauen zu sein, Kurven zu haben, uns frei zu fühlen indem wir zeigen, wie wir sind. Die Verhüllung unseres Selbst ist nicht die Lösung uns zu schützen. Wir müssen gemeinsam laut werden, die Löwinnen sein, die wir als junge Mädchen gebraucht haben, damit unsere Stimmen gehört uns unser Klagen an die Freiheit, die uns schon lange zusteht, endlich ein Ende hat. -jk-

-Gesicht-

Ich fand es immer schlimm, dass mein einer Mundwinkel weiter nach unten hängt und dass dann vielleicht Jemand denkst, ich habe schlechte Laune oder ich bin traurig momentan. Es stört mich, dass genau dieser Moment, in dem das Jemand denkt, dass mein einer Mundwinkel da im Gesicht ein bisschen hängt, Jemand von seinem Glücklichsein ablenkt.

Ich fand es immer schön andere Menschen anzusehen, ihnen Komplimente anzudenken, über ihre Besonderheiten, ihre Außenwirkung zu staunen. Ganz einfach zu beobachten, wie Sie gehe, das Gestikulieren, grob ausskizzierte Launen. Ihnen ein stummes Lächeln zu schenken.

In dem Moment war ich ganz
blind für alle Unreinheiten,
Narben   oder
Dehnungsstreifen.

Ich habe Ihnen meine Blicke
geschenkt, damit keiner von
denen denkt, dass ich sie
nicht mag, ob ich vielleicht
traurig bin, hat mich schon
mal Jemand gefragt. Aber das
Jemand   denkt,   dass   mein
Mundwinkel hängt, kam da gar
nicht   zur   Sprache.   Mein
Gesicht   es   sei   nicht
gewöhnlich,   aber   gut
erinnerbar,

nicht, dass ich denken soll
-nicht schön-.

Nicht das Jemand denkt, dass
mein Mundwinkel hängt- habe
ich gedacht, dann noch einen
Blick verschenkt, mein Ego
mit Sympathie getränkt und
mein Gegenüber angelacht.

-jk-

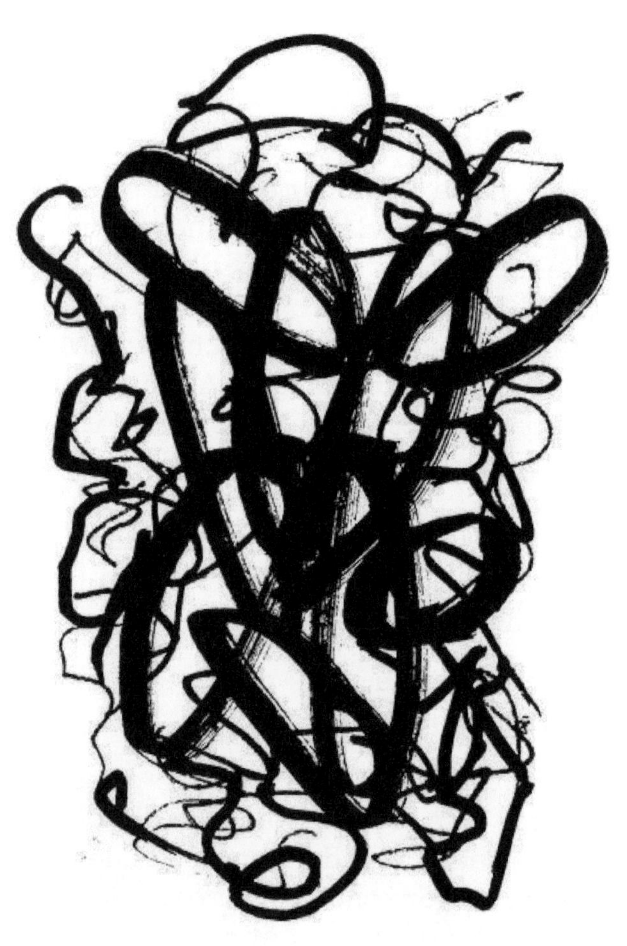

-Augenfarbe-

Du machst mich nervös

weil ich deine Augenfarbe
kenne.

Du machst mich nervös,

weil deine Augen sind von
Ihm.

Es macht mich nervös, weil
ich zu viel Zeit verprelle,

deine Augen noch erkenne,

meine Gedanken taubstelle,

Blicke, wie im
Besatzungsregime.

Du machst mich nervös, mehr
als mein schwarzer Ekel,
mehr als der Schmerz

in der Elle an der
Tischkante, mehr als mir
lieb ist,

in meiner Seele Molekel.

Du machst mich nervös, weil
ein Teil von Dir wie er
ist, auf eine ganz korrupte
Weise sind eure Augen wie
einzige Art, auf ihre
eigene Art,

wie ein Gleichnis

und für meine Angst ein
steigender Pegel. -jk-

//Hirngespinst

Ganz klein sind die Erfolge, die wir feiern sollten. Auch wenn wir uns sträuben, uns auch noch so mit den Zweifeln betäuben, sollten Wir's uns doch erlauben ganz einfach mal an uns zu glauben. Gehen die Zweifel auch nicht weg, dann sitzt die Angst schwer auf den Schultern. Eine Angst, die kriechend grau und milchig im Gesicht, die Chance witternd zu uns spricht. Dann scheint's mit dem Erfolg dahin und mit dem Tag vorbei auf den Du Jahre hast gewartet. Bevor Du das realisierst, den Neubeginn verzierst, mit deinem Zweifel drin, dich ganz im Hirngespinst verlierst, hat schon der neue Tag gestartet. -jk-

-komplex-

Ich bin auf dem Weg mit
kaltgepressten Lippen und
aufgetanem Lebensmut.

Ich scheine zu vermuten,
dass es an meinen Klippen
des Seins mehrere Mitten
für den Einklang gibt,
deshalb mache ich mich oft
selber klein mit nagender
Erkenntniswut.

Hochkomplex sind die
Gedanken in meiner
Architektur aus Gotik und
getragen sein. Die
Melancholie erhellt den
freien Raum mit Wesenssinn,
lässt ihren Kummer walten.

Sie zeigt mir wie ich
wirklich bin und ich will
Einzug halten.-jk-

-Schleifpapier-

Ich kann nicht mehr, wenn
sich mein Hals anfühlt, wie
mit Schleifpapier
ausgekleidet.

Dadurch werde ich kein
Diamant, es schleift meine
Seele unaufhörlich.

Die Angst schleift mich so
lang, bis Nichts mehr von
mir übrigbleibt. -jk-

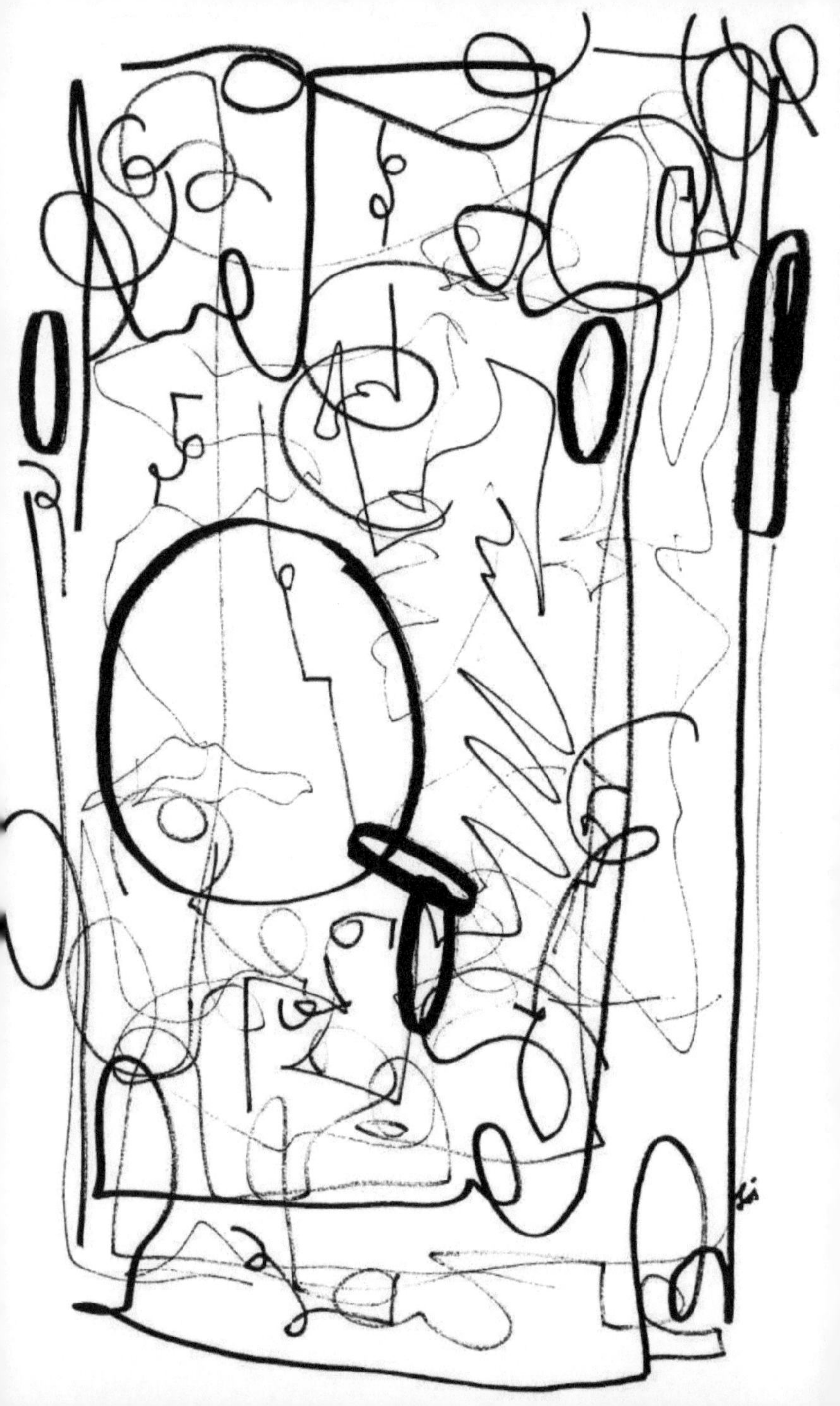

-Echt so-

Es geht gar nicht so viel darum, das Alles zu orchestrieren, dass am Ende etwas dabei rumkommt.

Dieses komische Gefühl, nicht alles gegeben zu haben, immer noch etwas übersehen zu haben.

Meine Art von Flüchtigkeit als Persönlichkeitsmerkmal schleicht sich immer wieder an.

Was kommt dann dabei rum, wenn durchs orchestrieren so viel verloren geht.

Wenn sich alles immer wieder im Kreis dreht. Echt so,

echt so dumm. -jk-

//Augenwinkel

Geht der Sommer wie die Zeit
mit dem Papier, welches
geduldig ist, oder bleibt er
wie der Sand in meinem
Augenwinkel liegen.-jk-

-Notizen-

Notizen schreiben wir ja
Alle.

Meine sind wie Pasta,
manchmal lang und manchmal
kurz, fast wie Farfalle.

Wenn ich in die Worte falle
macht's oft Sinn und
manchmal nicht.

Dabei fallen
Rechtschreibfehler kaum ins
Gewicht, da es lose Notizen
sind,

oder auch manchmal ein
fertiges Gedicht.

-jk-

//Wettlauf

Es scheint fast unfair und wie von ungefähr, wenn manche Menschen ihre Entscheidungen plötzlich ändern, ihre alten Pläne versetzen und ganz ohne Zweifel den von ihnen neu ausgedachten Weg mit unstillbarem Eifer, wie im Wettlauf mit der Zeit, im Begriff sind hinterher zu hetzen. Ein Wettlauf mag das Leben bei näherer Betrachtung und einer eher willkürlich gesetzten Lebensspanne, resultierend aus physischer und psychischer Gesundheit dabei ganz klar und verständlicherweise ebenso ergeben. Denn im Grunde genommen hat mit jeder tickenden Uhr auf dieser Welt auch ein Menschenleben begonnen.

Ein Mensch ist geboren, hat versucht etwas in seinem Leben zu erreichen, hat gewonnen, ist gescheitert, dabei er sicherlich auch in manchen Momenten gelacht und geweint hat, um sich dann an ein jeweils unterschiedliches, von den oben genannten Faktoren begrenztes Alter anzugleichen. Mensch zeigt sich somit mit all den anderen Menschen zum Vergleichen, die nach dem Tod in ein gewisses Leichenstadium übergehen und in der Erinnerung der Mitmenschen, nach und nach verbleichen. Wem nützt es, dass bei all den Vergleichen, Faktoren und dem nahezu gleichen Tod, der Mensch an sich zerbrechen droht.

An Burnout, Krisen, Hungersnot.

Niemand will vom Anderen wissen, ob sein Leben war entspannt, ob das Liebesleben glücklich war, oder ob er, oder sie dem Geld ist Jahrzehnte hinterhergerannt. Ganz gleich ist es am Ende, welches Lieblingslied bei der Beerdigung wird abgespielt. Es zählt nach all dem Ganzen nur die Liebe, die nach all der Trauer um das Leben, das Leben deiner Lieben weiterführt. Die Liebe von Dir selbst, welche deren Herzen weiterschlagen lässt. Doch wärst Du für sie unbedeutend, vergleichbar, dann war es trotzdem nicht vergebens: Denn Zeit deines Lebens hast Du dir gereicht und kommst trotzdem ans Ziel.

Beim Wettlauf der Zeit, am
Ende deines Lebens ist kein
Schritt jemals zu viel. -jk-

-ankommen-

Gerade bleibt die Sehnsucht
aus, die Sehnsucht in die
Ferne zu schweifen. Das
Gefühl der Unsicherheit
wird größer, wenn die
Zukunftspläne zu greifbar
werden und sich ernten
lassen, wie als wenn man
versucht an vollen
Obstbäumen, nach den
saftigsten Früchten zu
greifen.

Die Sehnsucht nach der
Ferne ist vertauscht mit
dieser Sehnsucht nach zu
Haus. Nach einem stimmigen
Grundgefühl im Bauch, ohne
den Drang nach Optimierung,
einfach ankommen,
herunterfahren und ohne
Unsicherheit der Frage
nachzugehen: Was wird wohl
daraus?

Welches Gefühl wird mich
erreichen, wenn ich
angekommen bin? Welcher
Gedanke, welche Worte
kommen mir dann in den
Sinn? Und außerdem noch
wichtig: Was lerne ich
daraus?

Letzten Endes kann ein
Leben an einem Ort allein
sehr lange sein und stimmig
durchaus. Aber Sehnsucht,
die muss bleiben, um das
Triste zu vertreiben.

Gib mir den Impuls zu
bleiben und ich nenn Dich
mein zu Haus. -jk-

-luzide-

Pochend heiß, klebrig im Schweiß liege ich noch festgehalten.

Von dem Traum, der schon entschwindet.

Ob sich nicht was „Bessres" findet, was die Schlaflosigkeit aufrechterhält; hat mich soeben mein Gedanke gefragt und ich habe ihm gesagt:

„Weißt Du eigentlich, was du mit mir machst? Erst sedierst Du mich, lässt mich träumen und mitten in der Nacht, da reißt Du mir die Augen auf."

Luzide.

Zeigst mir Horrorszenarien
im Dauerlauf, lässt mich
verfolgen, lässt
gesichtslose Diebe mich
belächeln, mich foltern,
mich hassen, mich abstechen.

Du hattest mich nach deinem
Namen gefragt.

Wie einem Dämon habe ich Dir
die Stirn geboten und mir
den Schlaf verboten.

Deinen Namen, du meine
Seele, den habe ich Dir nie
gesagt. -jk-

-Ich möchte-

Ich möchte in der Sonne
laufen, einen einfachen
Weg.

Ich möchte langsam wandern,
statt regungslos stehen.

Ich möchte klar und
deutlich sprechen, Worte
welche meinen Geist
bewegen.

Ich möchte herzhaft lachen
ohne ein überspieltes
Gähnen.

Ich möchte Fehler machen
und diese richtig,

ich will mich nicht nach
Leben sehnen.

-jk-

-Mondlichtfelder-

Mondlichtfelder auf nassem
Asphalt spiegeln die Wärme
des Tages noch wieder. Der
Mond scheint hernieder, wie
eh und je.

Regendurchtränkt   ihr
Gefieder, dies schütteln die
Raben in schwerer Manie
leise im Gruppenzwang, zum
Takt der Ampellichterphasen,
die sich durch ein stummes
Klicken unterscheiden und
die Weichen stellen.

Zwischen   Stillstand,
Abwarten und Vorankommen der
Menschenmassen.

Signale ganz   deutlich,
bestimmend   und
menschengemacht.

Ganz unnatürlich gegenüber dem Lichterstreif des Mondes, der übergreift auf die Laternen, auf Gräser, Sträucher und Zisternen.

Die sich füllen, mit Regenwasser benetzt ihren Sinn erfüllen und alles sammeln, was denn möglich ist.

Unaufhörlich rinnt der Regen durch die Dachrinne und der Mond zeichnet wie Skizzen, vage Umrisse ins Feld.

Ahnungslos sitze ich hier, während die Weltmehrheit schläft, die Zeit umgeht, die Stunden zählt, während mich mein Schlaf verfehlt.

-jk-

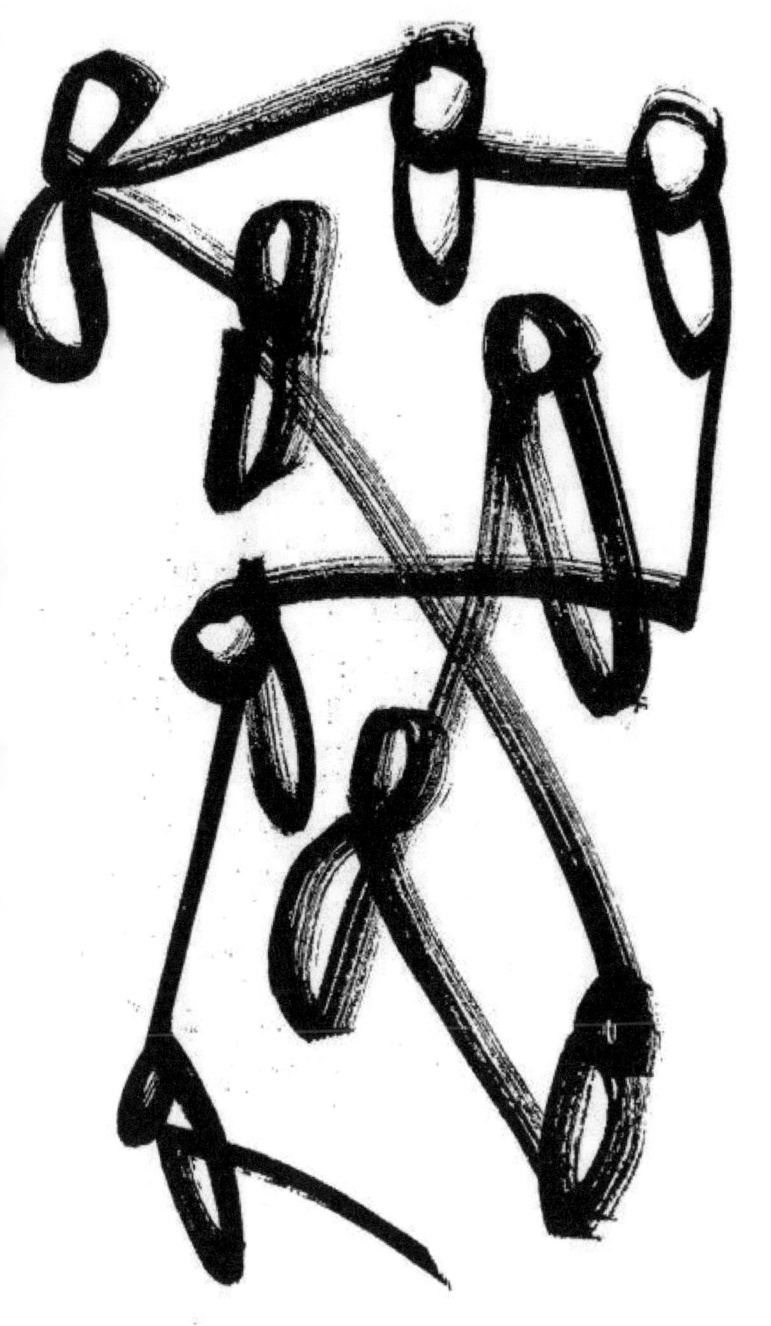

-Gehäuse-

Wartezeit schreit leise aus
dem Gehäuse, über das der
Zeiger streicht.

Zeit verbleicht, wie das
Kunststoffbehältnis auf
meinem Schreibtisch.

Ganz gemischt sind die
Emotionen, dem
Graupelschauer beizuwohnen
mache ich gern.

Da ich dann nicht raus muss,
- wird sich eh nicht lohnen
spricht die Prokrastination.

Aufgeweicht sind Haut und
Papier, im Gleichklang mit
dem Zeiger

und mein Blick, er schweift
zur Tür.-jk-

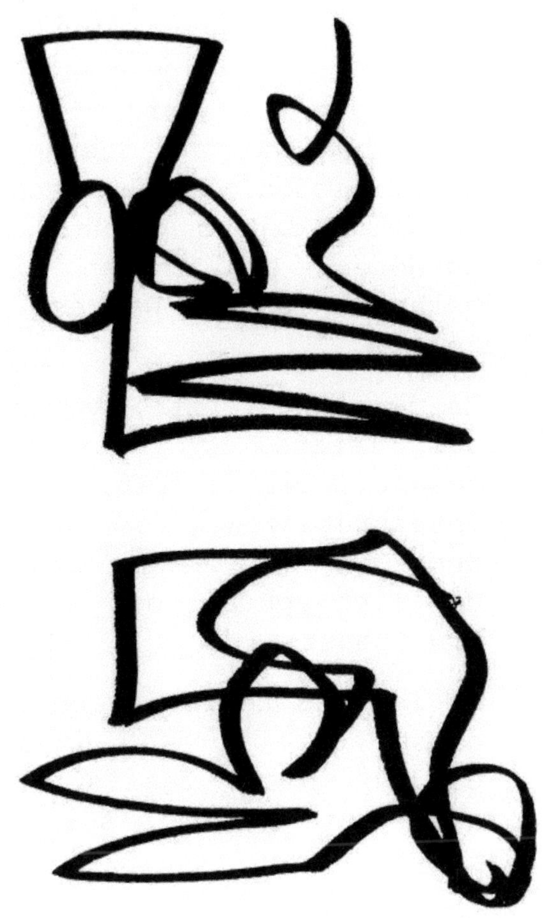

-Das Letzte-

Es ist das Letzte, vorerst meine Tasche zu packen, zu gehen, nochmal kurz mit Dir zu Lachen und dann die Segel zu streichen. Ein komischer Gedanke, dieses Gefühl des Aufhörens endlich an mich heran zu lassen. War es das jetzt?

Es ist das Letzte, vorerst das letzte Mal hast Du gesagt. Viel zu viel Raum an Interpretation in meinem Kopf und ein zu enger Druck, der sich spürbar auf meiner Brust ausbreitet.

Es ist das Letzte, wenn ich diese Worte höre, kann ich es noch nicht realisieren, dass es vorbei sein soll.

Vorbeisein heißt, ein oder mehrere Kapitel gleichzeitig abzuschließen, einen Punkt zu setzen.

Punkte setzten fiel mir schon immer schwer, deshalb habe ich zuvor immer wahllos die Kommas gesetzt, so wie gerade eben Jetzt.

Es ist das Letzte, es fühlt sich an wie eine Trennung von einer liebgewonnenen Person, die man noch nicht gehen lassen will und kann.

Es fühlt sich, fühlt sich einfach viel zu komisch an.

Es ist das Letzte, das letzte Gedicht, das letzte Buch dieser Art.

Es ist das letzte Mal meinen Mädchennamen auf dem Einband lesen, bevor sich vieles anders ergeben wird.

Ich finde im Moment keine Worte mehr, denn es gibt noch so viel, was ich beschreiben könnte.

Es war ein kurzer Moment in
meinem Leben.

Die Worte und ich, diese
werden mir immer erhalten
bleiben. Es war schön und es
war garantiert nicht das
Letzte. -jk-

Josefine Klett

(Danke an: R.,H.,I.,B.& M.)

Ich danke Dir, dass Du diese
Zeilen gelesen hast. Zeilen,
die nun zusammengefunden
haben, mein kleines
Gesamtkunstwerk beenden.

Lass uns zusammen einen
Punkt setzen.

Du kannst stolz auf Dich
sein, auf all die großen und
kleinen Dinge, die Du
tagtäglich vollbringst.

Du kannst stolz darauf sein,
dass Du dir die Zeit
genommen hast, dich mit
meinen Worten zu
beschäftigen, dich darauf
einzulassen nur für Dich da
zu sein.

Mehr wollte ich nie, außer
eben Dich zu erreichen, mit
Dir meine Zeilen zu teilen
und für Dich da zu sein.

Danke, dass Du für mich da
bist.

Sekundenhauchtrilogie

1. Sekundenhauch   2020

2. Minutenliebe   2021

3. Stundenglück   2024